AF338512

LE COUP D'ÉTAT DANS LA DROME

DISCOURS

DE

M. MAURICE FAURE

Sénateur

Ancien Vice-Président de la Chambre des Députés

INAUGURATION A CREST

du Monument Commémoratif de la Résistance
de la Drôme au Coup d'État du 2 Décembre
1851.

— 11 SEPTEMBRE 1910

VALENCE

Typographie et Lithographie Charles LEGRAND

—

1910

DISCOURS

DE

M. MAURICE FAURE

Sénateur

Ancien Vice-Président de la Chambre des Députés

INAUGURATION A CREST

du Monument Commémoratif de la Résistance de la Drôme au Coup d'État du 2 Décembre 1851.

— 11 SEPTEMBRE 1910

VALENCE

Typographie et Lithographie Charles LEGRAND

—

1910

LE COUP D'ÉTAT DANS LA DROME

INAUGURATION A CREST

DU

Monument commémoratif de la résistance de la Drôme au Coup d'Etat de 1851

(11 Septembre 1910)

DISCOURS

PRONONCÉ PAR

M. MAURICE FAURE

au nom de la Représentation Parlementaire de la Drôme

Monsieur le Sous-Secrétaire d'Etat,
Chers Concitoyens,

Mes collègues et amis de la représentation parlementaire de la Drôme ne pouvaient me confier mission plus honorable et plus conforme à mon propre désir que celle de glorifier en leur nom, à la place même où les derniers combattants succombèrent, les courageux citoyens qui luttèrent désespérément, il y a soixante ans, pour la défense de la République.

Les traditions politiques de la Drôme

Parmi les actes historiques dont la démocratie drômoise peut s'enorgueillir, il n'en est pas dont elle ait le droit de se montrer plus fière que de cette résistance plébéienne toute spontanée, suscitée par l'un des plus grands crimes politiques qui aient été commis dans notre pays contre la liberté, et, hélàs aussi, — l'avenir ne l'a que trop démontré, — contre la patrie même.

Nos pères drômois, assurément, méritèrent la reconnaissance de tous les amis de la liberté quand, en 1788, après la réunion de Vizille, aux Etats de Romans, ils donnèrent à la France hésitante le signal de la protestation nationale contre l'arbitraire royal et tracèrent fermement les grandes lignes de la Déclaration des Droits de l'Homme ; à la fin de 1789, au moment où la Révolution était le plus menacée, quand ils organisèrent à Etoile la première Fédération et provoquèrent dans toute la France la création d'une force armée au service du peuple ; en 1793, quand, — la Drôme demeurant le seul département fidèle à la Convention dans la vallée du Rhône, entre Marseille et Lyon, dominés par la Contre-Révolution, — ils rendirent possible la formation à Valence, sous les ordres du général Carteaux, de la petite, mais vaillante armée qui devait bientôt débloquer Toulon livré aux Anglais par les royalistes et permettre ainsi, à la Convention, d'accomplir sa grande œuvre libératrice ; en 1815, quand les gardes nationaux valentinois luttèrent vaillament contre le retour des Bourbons ; en 1848, quand les démocrates de Valence et de Romans organisèrent vigoureusement contre la monarchie bourgeoise, à la voix de Mathieu-de-la-Drôme et de Bancel, la campagne des banquets réformistes d'où devait sortir, avec la proclamation de la deuxième République, l'avènement du suffrage universel.

La Tour de Crest et le Coup d'Etat

Ce sont là évidemment des faits mémorables qui confèrent à notre département une place d'honneur dans l'histoire des événements qui se sont accomplis depuis la Révolution française, et les noms de Romans, d'Etoile, de Valence, qui évoquent de tels souvenirs, ont été souvent cités comme dignes de la reconnaissance de tous les bons patriotes.

A ces noms chers à tous les républicains, il convient d'ajouter, en toute justice, celui de la ville de Crest dont la vieille tour féodale doit apparaître désormais comme le symbole grandiose de la lutte contre la tyrannie et de la victoire finale du droit sur la force.

La justice immanente, dont parlait Gambetta, reçoit enfin, grâce à la fête d'aujourd'hui, une tardive, mais éclatante satisfaction, et le souvenir de la noble révolte de la Drôme républicaine contre le Coup d'Etat du dernier Bonaparte sera dorénavant perpétué, vivant exemple de civisme pour les nouvelles générations, par ce beau monument, où le talent distingué d'un de nos compatriotes, M. Maurice Bouval, a fait revivre, sous les traits énergiques d'un jeune paysan, au regard franc et loyal, le type viril des ardents républicains de nos montagnes accourus de tous côtés vers la tour de Crest pour défendre la Constitution violée.

Combien de fois, dès mes années de jeunesse, la réalisation d'un tel projet avait été l'objet de mes rêves et de mes vœux! Il y a vingt-trois ans, dans une conférence publique faite ici même en 1887, j'adjurais les citoyens de Crest de prendre l'initiative de l'érection d'un monument commémoratif de la résistance de la Drôme au Coup d'Etat, et je leur disais, après avoir rappelé les événements de 1851 : « L'histoire de la Tour de Crest, commentée par nos instituteurs républicains, serait le meilleur et le plus vivant des enseignements civiques pour les enfants de nos écoles laïques. Elle fortifierait dans leur cœur l'attachement au pays natal en leur inspirant le légitime orgueil de notre passé, et l'amour de la patrie républicaine, en leur montrant les efforts et les sacrifices des hommes de cœur qui, au péril de leur vie, au détriment de leur fortune et de leur liberté, défendirent courageusement les droits du peuple et les intérêts de la démocratie. »

L'idée fit peu à peu son chemin. Notre vaillant ami Léopold Marcel la commenta très chaleureusement au Cercle républicain de la Drôme qui, plusieurs années après, au mois de mars 1906, devait, sur ma proposition, prendre l'initiative de la souscription publique, et, l'un des hommes dont s'honore le plus le parti démocratique, M. Ernest Hamel, écrivait dans son histoire du second Empire :

« La Drôme, en 1851, eut ses martyrs et compta au premier rang parmi les départements qui osèrent tenir tête aux prétoriens de Louis Bonaparte. On vit des paysans drômois se ruer sans hésitation contre des troupes munies d'artillerie et lutter héroïquement aux accents de la *Marseillaise*..... Ce qu'il faut honorer et mettre en lumière, ce sont ces résistances héroïques tentées contre la violation des libertés publiques, et il serait d'un grand et fortifiant exemple d'élever, partout où la résistance s'est produite, un monument commémoratif en l'honneur des citoyens morts ou proscrits pour la défense des lois. »

L'heure de la Réparation

L'heure de la réparation a enfin sonné, et la Némésis implacable, annoncée par le génie prophétique de l'immortel poète des *Châtiments*, poursuit sans trêve son œuvre vengeresse.

Ce ne sont plus, Dieu merci, les défenseurs volontaires de la loi qui sont traités de criminels, d'insurgés, de démagogues, d'anarchistes, d'ennemis de la société. Ce sont, au contraire, les fauteurs du Coup d'État, les violateurs de la Constitution qui sont flétris aujourd'hui par l'opinion publique.

Ce monument est comme leur pilori, tandis que les champions de la légalité, les combattants et les persécutés de 1851, les prisonniers de la tour de Crest, les proscrits du Coup d'Etat, les martyrs de Cayenne et de Lambessa sont honorés comme des citoyens dont la mémoire mérite de survivre et dont l'exemple républicain doit être proposé comme un modèle à la jeunesse française.

Le Gouvernement de la République, le Conseil général de la Drôme, la Municipalité de Crest, proclament hautement, par leur cordiale adhésion, le droit de ces bons citoyens à l'estime et à la reconnaissance du pays. Le Parlement avait devancé lui-même cet hommage en décernant, par une loi spéciale, aux victimes de 1851 des récompenses nationales.

L'impartiale histoire

Si un esprit de parti, enclin à la mauvaise foi et au dénigrement systématique, pouvait encore essayer de mettre en doute la vertu civique des combattants drômois qui se levèrent, indignés et frémissants, à la nouvelle du Coup d'Etat, contre la tentative criminelle d'un président parjure, il suffirait, pour confondre les calomniateurs, de faire simplement appel à l'impartial témoignage de l'histoire.

Héritier d'un nom glorieux, mais funeste, le prince Louis Napoléon, généreusement accueilli par la République naissante, qui, dans l'ivresse naïve des premiers enthousiasmes, avait ouvert aux Bonaparte les portes de la patrie, venait d'être élu président de la République par un peuple trompé qui croyait à la sincérité

de ses affirmations de fidélité républicaine.

Le faux serment de Bonaparte

Le 20 décembre 1848, Armand Marrast,
président de l'Assemblée nationale, lisait
au nouveau président la formule suivante
du serment qu'il l'invitait à prêter :

« En présence de Dieu et devant le
Peuple français représenté par l'Assemblée
nationale, je jure de rester fidèle à la
République démocratique, une et indivi-
sible, et de remplir tous les devoirs que
m'impose la Constitution. »

Et le président de la République, la
main levée, répondait : « Je le jure. »

Il ne jugea pas ce serment suffisant et
aussitôt après que le président Armand
Marrast eut prononcé la formule sacra-
mentelle : « Nous prenons Dieu et les
hommes à témoins du serment qui vient
d'être prononcé ». Louis Napoléon de-
manda la parole et s'exprima en ces
termes : « Les suffrages de la Nation et le
serment que je viens de prêter comman-
dent ma conduite future. Mon devoir est
tracé, je le remplirai en homme d'honneur. Je verrai des ennemis de la patrie
dans tous ceux qui tenteraient de changer,
par des voies illégales, ce que la France
entière a établi. »

Abominable mensonge ! Odieuse co-
médie !

L'Assemblée nationale semblait avoir
prévu l'avenir quand elle avait placé la
Constitution de 1848 sous la sauvegarde

du peuple en déclarant en son article 68 :
« Toute mesure par laquelle le président
de la République dissout l'Assemblée nationale, la proroge ou met obstacle à
l'exercice de son mandat est un crime de
haute trahison. Par ce seul fait, le président est déchu de ses fonctions, les citoyens sont tenus de lui refuser obéis-
sance. »

Les préparatifs du Coup d'Etat

Quelques jours s'étaient à peine écoulés
depuis son installation à l'Elysée, que
Louis Bonaparte, avec sa duplicité de
conspirateur professionnel, préparait déjà
son apostasie et son attentat.

Ambitieux, sans scrupules, doublé d'un
fataliste, il ne cessa de conspirer, pendant
les trois années de sa présidence, contre le
Gouvernement dont il avait la garde.
Quand l'Assemblée constituante se fut
dissoute pour faire place à une autre Assemblée nationale en grande majorité
réactionnaire, il n'eut qu'une préoccupation : s'attirer les sympathies de la droite.

L'expédition romaine, préface de la politique impériale à Rome, fut sa première
manifestation cléricale. Le vote de la loi
Falloux, qui livrait aux congrégations
l'éducation de la jeunesse française, fut la
seconde. L'adhésion chaleureuse de
l'Eglise et de sa clientèle politique au futur
Coup d'Etat devint la rançon de cette
double trahison.

Cauteleusement, il prêtait entre temps
la main au vote de la loi anti-démocrati-

que du 31 mai, supprimant trois millions
d'électeurs, afin de se donner, le moment
venu, le prétexte facile d'apparaître plus
tard comme l'ami des ouvriers en offrant,
au peuple, à titre de don de joyeux avènement, le rétablissement du suffrage universel.

Cependant la nation, habituée peu à peu
à l'exercice de sa souveraineté, se républi-
canisait de jour en jour, les menées de
l'Elysée étaient démasquées dans la presse
démocratique, des élections partielles
nettement républicaines se succédaient et
condamnaient la politique ambigüe de la
présidence dont les pouvoirs expiraient
le 1ᵉʳ mai 1852. L'échec de Louis Napoléon était certain, il fallait à tout prix, pour
l'éviter, agir sans retard et s'emparer de
la France avant cette date. C'est ce qui
détermina les conspirateurs bonapartistes
à commettre le crime du 2 décembre.

Le crime du 2 décembre

Le glorieux jour d'Austerlitz, profané
par eux, devint ainsi l'un des plus néfastes
anniversaires de notre histoire.

Dès le matin, des décrets annoncèrent
que l'Assemblée nationale était dissoute,
le suffrage universel rétabli, la loi du
31 mai abrogée.

Par un dernier mensonge qui faisait dire
à Victor Hugo : « Cet homme ment
comme les autres respirent », Louis Napoléon, à l'instant même où il portait un
coup mortel aux institutions républicaines,
déclarait qu'il voulait en être le sauveur :

« Les hommes qui ont déjà perdu deux monarchies, disait-ile ffrontément, veulent me lier les mains afin de renverser la République ; mon devoir est de déjouer leurs perfides projets, de maintenir la République et de sauver le pays, en invoquant le jugement solennel du seul souverain que je reconnaisse en France : le Peuple. »

Et son complice, le préfet de police de Maûpas, ajoutait : « C'est au nom du peuple, dans son intérêt et pour le maintien de la République, que l'événement s'est accompli. »

Les paysans drômois en armes

La Drôme démocratique ne fut pas dupe de cette fourberie gouvernementale. De nombreuses sociétés politiques y avaient mis en garde les républicains contre les projets liberticides du second Bonaparte, et, aussitôt que leur parvint l'annonce du Coup d'Etat, les citoyens les plus militants, spontanément, sans mot d'ordre général, se groupèrent, prirent les armes qu'ils trouvèrent sous leur main, fusils de chasse, fourches, faux, et accoururent au secours de la République, comme la Constitution leur en faisait un devoir impérieux.

Serviteurs fidèles de la loi, sans la moindre préoccupation de profit personnel, au péril de leur vie, au détriment de tous leurs intérêts matériels, avec un armement rudimentaire qui les exposait presque sans défense aux balles et aux

boulets des troupes régulières, ils parti-
rent bravement à la conquête de la tour
de Crest dont ils espéraient faire la cita-
delle de la légalité républicaine.

C'était en grande majorité des paysans
de toute condition, agriculteurs pauvres
et propriétaires aisés, des ouvriers des
champs, des artisans de village. On voyait
à leurs côtés des instituteurs, des commer-
çants, des hommes appartenant aux pro-
fessions libérales.

Fraternellement confondus dans les mêmes rangs, guidés par ceux d'entr'eux qui
étaient d'anciens militaires, ils allaient par
les routes qui mènent à Crest, confiants
dans la justice de leur cause, pensant peut-
être que l'armée, gardienne de la loi, fra-
terniserait avec eux. Vain espoir! L'obéis-
sance passive avait brisé toutes les éner-
gies et, aux cris de « Vive la liberté! Vive
la République! Vous êtes nos frères! », les
soldats répondirent à coups de fusils en
attendant les pièces de canons qui devaient
cracher la mitraille.

La lutte était trop inégale pour que la
victoire pût rester aux volontaires républicains. Elle n'en fut pas moins vivement
disputée et, de l aveu même de témoins vé-
ridiques, les assaillants firent preuve d'une
bravoure et d'une intrépidité remar-
quables.

Rien n'avait pu les arrêter ou les décou-
rager : ni le contre-ordre de la dernière
heure, ni les mauvaises nouvelles de Paris.
Ils luttèrent jusqu'à l'épuisement de leurs
forces et ne se dispersèrent que lorsque

les vides faits dans leurs rangs eurent
rendu tout à fait impossible la continua-
tion de la résistance.

Les combats autour de Crest

Outre quelques escarmouches sans
importance, deux principaux combats
eurent lieu dans les journées des 6 et 7
décembre, à la suite de l'échauffourée qui
se produisit à Crest dans la nuit du 3 au
4 et qui marqua le début des hostilités
fratricides.

Les plus ardents démocrates de cette
ville, — au nombre de 150 à 200, d'après
les rapports officiels, — avaient tenté, aux
accents de la *Marseillaise*, de s'emparer de
vive force de la caserne de gendarmerie,
en vue de rendre impuissante l'action de
l'autorité publique contre les frères d'armes républicains qu'ils attendaient.

Cette tentative prématurée avorta, mais
l'éveil était donné. Un détachement de
47 artilleurs fut d'urgence dirigé de Valence sur Crest pour y seconder la gendarmerie.

Cependant le tocsin, dont le clocher de
Piégros-la-Clastre avait donné le signal,
sonnait dans plusieurs communes de la
vallée de la Drôme. On battait de toutes
parts la générale, et de nombreux républicains répondaient à l'appel.

Le préfet, effrayé par l'importance
d'heure en heure grandissante du soulèvement, avait cru devoir envoyer sur place
un délégué spécial, le conseiller de préfec-
ture Léchelle, avec ordre formel de domp-

ter, coûte que coûte, le mouvement populaire. Ce représentant, botté et éperonné, de l'administration préfectorale, monta incontinent à cheval et partit en guerre revêtu de son uniforme officiel. Comme une sorte de général civil, il excitait les chefs militaires à traiter sans merci les adversaires du Coup d'Etat, et, jaloux sans doute de gagner ses galons de sous-préfet à poigne, il provoquait, comme à plaisir, les mesures les plus inhumainement rigoureuses.

En apprenant que des colonnes, fortes de plusieurs centaines d'hommes, marchaient sur la ville de Crest, menacée des deux côtés de la Drôme, le délégué préfectoral prend peur à son tour : aux gendarmes, aux artilleurs, il demande instamment qu'on adjoigne des troupes d'infanterie, et une compagnie du 32ᵉ de ligne lui est sans retard envoyée de Romans.

La petite armée prétorienne, bientôt renforcée de 38 nouveaux artilleurs, qui avaient déjà opéré contre Chabeuil, se rangea immédiatement en bataille et mit en position ses canons, ayant pour arrière-garde une milice improvisée de Crestois anti-républicains.

Les combats du 6 et du 7 décembre

C'est le 6 décembre que les contingents républicains, venus de Saillans et de la région supérieure de la vallée, en suivant la rive droite de la Drôme, rencontrèrent à Aouste un poste avancé de cavaliers qu'ils jugèrent prudent de tourner pour gagner les hauteurs qui dominent la ville de Crest. Les 300 hommes qui composaient la colonne se retirèrent rapidement sur le plateau voisin de la tour aux cris de Vive la Liberté ! Vive la République ! La troupe répondit par un feu nourri et un vif engagement commença qui devait durer jusqu'à la nuit. Bien que leurs pertes eussent été, d'après le rapport du général Lapène, de 50 hommes mis hors de combat, ils ne purent être délogés des positions qu'ils occupaient.

Presque en même temps, un autre engagement avait lieu sur l'autre rive de la Drôme. C'étaient les contingents de Grane et de Chabrillan qui s'avançaient au son du tambour et prenaient part à l'action. Ils se dirigeaient vers le pont de Crest, où s'élevait une barricade, mais un feu meurtrier les arrêta, et ils se replièrent après avoir perdu deux hommes, poursuivis par la cavalerie et laissant de nombreux blessés sur le terrain.

Le plus long et le plus sanglant combat se livra le lendemain, 7 décembre. Dès le matin de ce jour, une vigoureuse sortie, protégée par l'artillerie, mit en déroute, malgré les efforts désespérés de la résistance, les combattants de la rive droite, et permit à l'autorité militaire de porter toutes ses forces sur la rive gauche où les défenseurs de la Constitution républicaine se disposaient à tenter une dernière et décisive attaque. Les républicains de Dieulefit, de Bourdeaux, de Saoû et de Puy-Saint-Martin, accourus au nombre de 1.800 à 2.000, s'y comportèrent en véritables héros. Se ruant vers le pont où grondait le canon, en « forcenés », suivant l'expression du général Lapène, ils essayèrent, à diverses reprises, d'enlever la barricade; mais, malgré leur vaillance, ils durent reculer sous la pluie de fer qui fauchait leurs rangs.

Malgré cet échec, convaincus que leur défaite c'était l'insurrection légale définitivement étouffée, le Coup d'Etat triomphant dans la Drôme, la République frappée au cœur, ils voulurent tenter, contre toute espérance, un suprême retour offensif.

Les plus intrépides renouvelèrent l'attaque du pont en se portant vers la digue et en occupant les maisons riveraines. Le rapport du général Lapène constate en ces termes cette audacieuse tentative : « 150 à 200 insurgés des plus entreprenants, se glissant par des sentiers, vinrent se placer sous les murs de la culée du pont, en arrière de la barricade, avec dessein de la tourner et de s'en emparer; mais une charge à fond de train de 15 à 20 cavaliers les dispersa et leur tua 3 hommes.»

Ainsi finit, par un acte de courage téméraire, la noble révolte des paysans de la Drôme armés pour la défense de la République.

Un témoignage de M. Emile Loubet

Notre illustre compatriote, M. Emile Loubet, qui, autant comme vieux républicain drômois que comme ancien Président de la République, a tenu à honorer cette fête de sa présence, nous racontait récemment que, jeune écolier à Crest, au moment des événements de 1851, il avait été le témoin attristé des dernières péripéties de la lutte, et il nous disait que ce qui avait le plus fortement impressionné son imagination d'enfant, c'était l'attitude d'un groupe de combattants obstinés qui, malgré la fusillade, s'était rassemblé avant de battre en retraite en une sorte de bataillon carré et chantait l'hymne des Girondins :

« Mourir pour la Patrie !
« C'est le sort le plus beau, le plus digne d'envie ! »

Est-il plus émouvant spectacle et quel bel exemple de civisme inaltérable que cette affirmation, malgré l'écœurement de la défaite imméritée, par les défenseurs vaincus de la légalité républicaine, de leur profond amour de la Patrie !

La joie des vainqueurs. — Le Te Deum

Les vainqueurs auraient dû triompher modestement, car, contre les fusils de guerre et l'artillerie, les républicains, comme le constate le rapport du général Lapène, n'avaient d'autres armes que « des fusils de chasse simples ou doubles, pistolets, sabres, tridents, fourches, fers pointus emmanchés au bout de longs batons, outils aratoires ou de bergerie ferrés. »

Ils triomphèrent, au contraire, bruyamment, et le délégué administratif Léchelle écrivait au préfet, le 23 décembre : « Une messe solennelle suivie d'un *Te Deum* a été chantée aujourd'hui. Toutes les autorités y assistaient. Cette cérémonie religieuse s'est terminée par le *Domine salvum fac Ludovicum Napoleonem*, que le curé a entonné de bonne grâce sur notre demande. Cette nuit on fera une expédition à Grane. »

La répression impitoyable

Avant et après ces actions de grâce rendues au Dieu de miséricorde et de bonté, la plus arbitraire, la plus impitoyable des répressions devait jeter le deuil et l'épouvante dans des milliers de familles. Elle se prolongea pendant plus de trois mois à la faveur de l'état de siège.

Ses organisateurs avaient un double but : terroriser les populations afin de prévenir tout soulèvement ultérieur et détruire, au profit du gouvernement nouveau, tous les éléments actifs de républicanisme.

Pour obtenir l'un et l'autre résultat, on eut recours aux arrestations en masse et on se livra à une véritable chasse à l'homme. Tous les républicains notoires, tous les suspects traqués, qui n'avaient pu se soustraire par la fuite aux poursuites des gendarmes, étaient brusquement arrêtés et conduits, menottes aux mains, à la tour de Crest redevenue prison d'Etat, comme au temps de Louis XIV. On perquisitionnait à coups de sabre et de baïonnette dans les greniers à foin, on provo-

quait les délations et, quand il s'agissait
de mettre la main sur quelque républicain
notable, jugé dangereux, on employait
pour frapper l'esprit public, l'appareil militaire le plus menaçant. Comme on le fit
pour l'arrestation de mon père à Saillans,
une compagnie d'infanterie cernait la com-
mune, des sentinelles veillaient à toutes
les issues et les artilleurs, devenus inutiles
à Crest, braquaient sur la principale place
publique leurs deux pièces de canon, mè-
che allumée.

A la Tour de Crest

Et puis, ce fut dans la tour de Crest,
la plus horrible des détentions, et l'incar-
cération dura plusieurs mois pour de nombreuses victimes

Par centaines, les prisonniers y étaient
entassés pêle-mêle dans les sombres et
froides salles du vieux donjon féodal, trop
étroites pour les contenir. Obligés de rester debout ou de se coucher sur le sol pour
y dormir, privés des éléments de propreté
les plus indispensables, condamnés à vivre nuit et jour dans une atmosphère fétide
et malsaine, ils attendaient presque,
comme une véritable délivrance, la sen-
tence de la Commission mixte.

Il existe à ce point de vue, aux Archives
départementales, un document original,
qu'on ne peut lire sans être ému jusqu'aux
larmes. C'est le texte d'une pétition adres-
sée, le 17 janvier 1852, par les malheu-
reux détenus politiques, au commandant
militaire de la place :

« Nous, détenus de la tour de Crest, salle n° 1, d'après l'ordre qu'on nous a lu ce matin, nous avons l'honneur de vous adresser la pétition que nous allons vous soumettre pour vous donner connaissance que, vu le nombre de 56 personnes que nous sommes dans cette salle, la lumière nous serait tout à fait indispensable, car il nous est impossible de pouvoir nous coucher sans lumière. Nous sommes obligés de nous mettre sur quatre rangs tout le long de la salle et nous nous touchons de tous les côtés ; nous sommes obligés de nous lever à tous les moments de la nuit et de passer les uns sur les autres à cause de l'encombrement..... Nous avons presque toujours quelqu'un de malade dans notre salle..... La lumière que nous vous demandons instamment a toujours été à nos frais et nous la demandons de même. »

La Commission mixte

Heureusement pour les prisonniers de la tour de Crest, les salles de détention se désencombrèrent peu à peu à partir des premiers jours de février, le pseudo-tribunal, connu sous le nom de « Commission mixte », ayant accompli avec une extrême précipitation sa triste besogne.

L'histoire a flétri cette odieuse parodie de justice et le garde des sceaux Dufaure, à l'Assemblée nationale de Versailles, a marqué, comme d'un fer rouge, les organisateurs de l'exécrable institution des Commissions mixtes.

Il faut remonter, pour trouver une ini-

quité gouvernementale qui s'en rappro-
che, au temps des proscriptions romaines
ou à l'époque des persécutions religieuses
de la fin du dix-septième siècle. On ne
saurait les comparer, ni aux tribunaux
révolutionnaires, ni même aux cours
prévôtales de la Restauration où, quoique
le jugement fût sommaire, la défense,
en audience publique, était admise en
principe.

Composées, dans chaque département,
du préfet, du procureur de la République
et d'un général, elles rendaient leurs sen-
tences à huis-clos, sans témoins, sans défenseurs, sur de simples dénonciations et
d'après des notes de police. Elles pouvaient
prononcer souverainement, sans contrôle,
sans possibilité d'appel, le renvoi devant
les conseils de guerre, l'expulsion, la transportation à Cayenne ou en Algérie, la
mise sous la surveillance de la haute
police.

Elles frappèrent dans toute la France,
près de vingt mille républicains parmi
lesquels dix mille furent condamnés à la
transportation.

La commission mixte de la Drôme, ins-
tituée en exécution de la circulaire minis-
térielle du 3 février 1852, fut l'une des
plus inhumaines. En quelques jours, dans
une hâte fébrile qui excluait tout sérieux
examen, elle termina son œuvre détesta-
ble, et le 1ᵉʳ mars 1852, le préfet envoyait
au ministre de l'intérieur, M. de Persigny,
cette lugubre statistique :

« Valence, 1ᵉʳ mars 1852.

« La commission mixte a terminé ses travaux le 28 février, à 5 heures du soir. Elle a statué sur 1.617 individus :

541 ont été mis en liberté sous la surveillance de la police locale.

482 ont été mis en liberté sous la surveillance de la police générale.

357 ont été désignés pour l'Afrique comme moins coupables.

139 ont été désignés pour l'Afrique comme plus coupables.

20 ont été renvoyés devant le conseil de guerre.

16 ont été désignés pour Cayenne.

13 ont été désignés pour être expulsés de France.

30 ont été désignés pour être internés dans des localités déterminées.

18 ont été renvoyés en police correctionnelle.

1 a été renvoyé devant la justice ordinaire. »

Combien parmi les 512 citoyens condamnés à la déportation à Cayenne ou à Lambessa ont pu revoir le pays natal d'où on les avait violemment arrachés, eux les serviteurs fidèles de la loi ! — Combien, hélas ! ont péri, loin de leurs foyers, avec le regret de la patrie bien-aimée au fond du cœur, tués par « la guillotine sèche » de la transportation !

Les terroristes ont peur

Même après la terreur répandue par les décisions de la Commission mixte, les complices du Coup d'Etat dans la Drôme, n'étaient pas tranquilles. Au milieu du mois de mars encore, les visites domiciliaires et les arrestations continuaient. On recourait, sous l'influence de la peur, aux pires procédés d'inquisition, et le préfet de la Drôme, mal rassuré. envoyait au ministre de la police générale ce rapport caractéristique, précieux document inédit, qui jette un jour singulier sur l'état d'esprit des agents du bonapartisme, plus de trois mois après le 2 décembre :

« Valence, 14 mars 1852.

« Je me suis rendu hier à Crest où se trouvent deux cents détenus. J'ai appris par un ecclésiastique qui l'avait appris en confession qu'il se formait un complot pour la délivrance des prisonniers. J'ai donné des instructions au lieutenant-colonel qui commande la place, au commissaire de police, et au gardien-chef de la prison. Il paraîtrait aussi que les sociétés secrètes cherchent à renouer leurs liens...

« En ce moment nous n'avons de dangereux que la démagogie; plus de quatre cents familles sont frappées par les décisions de la Commission mixte; il faudra par conséquent une puissante action de la police .... »

Ils avaient bien raison d'avoir la conscience inquiète, les administrateurs drômois de 1852, en songeant à tous les

deuils, à toutes les ruines qui leur seraient
justement reprochées un jour. Ils auraient
eu l'âme encore plus troublée, s'ils avaient
pu avoir devant les yeux la vision des
catastrophes que l'avenir réservait à la
France livrée, pieds et poings liés à la
tyrannie impériale par l'attentat du 2 décembre auquel ils avaient collaboré.

L'expiation

C'est une loi fatale de l'histoire : ainsi
que les mêmes causes produisent dans
l'ordre physique les mêmes effets, les mêmes crimes politiques entraînent dans l'ordre moral les mêmes conséquences. Tout
gouvernement fondé sur l'abdication du
peuple et sur la compression des esprits,
est condamné, pour vivre, à faire oublier,
dans l'enivrement des batailles, la perte
des libertés publiques.

Toute considération fut naturellement
subordonnée, à partir de 1852, à l'intérêt
dynastique.

Qu'importe la nation, pourvu que l'Empire soit debout ! Tel est le mot d'ordre
des hommes du Coup d'Etat qui ont ré-
duit le Corps législatif à l'impuissance et
baillonné la presse. Avec une telle politique, sous un tel régime, c'est tôt ou tard la
chute et le désastre inévitables. Au crime
du 18 brumaire, répond la défaite de Wa-
terloo, à celui du 2 décembre, la défaite
de Sedan. Contre-coup sacrilège, c'est la
patrie qui est démembrée !

Ah ! Comme je le disais au Conseil général le 23 août 1906, en lui proposant le

vote d'une subvention pour l'érection du monument commémoratif :

« Si l'exemple de la Drôme eût été suivi, si le mouvement de résistance s'était étendu à toute la vallée du Rhône, si Paris n'avait pas faibli, c'en était fait de l'entreprise criminelle du dernier Bonaparte. Que de malheurs et que de hontes eussent été ainsi épargnées à la France, condamnée par le triomphe du Coup d'Etat à vingt ans de servitude et de réaction qui devaient aboutir au démembrement de la Patrie ! »

Honneur donc, honneur éternel aux défenseurs drômois de la Constitution ! Gloire, comme le proclame en lettres d'or l'inscription de ce monument, aux valeureux combattants de 1851 !

Salut aux survivants de 1851
Le coq gaulois

Et vous, vénérables survivants des temps héroïques, que la Municipalité de Crest a eu la touchante pensée de grouper à l'occasion de cette fête républicaine qui est surtout la vôtre, — vaillants vétérans de la démocratie drômoise —, qui fûtes les compagnons de lutte et de captivité de mon père, je vous salue avec un respect filial, au nom de la représentation parlementaire du département, comme au nom de la Drôme tout entière qui vous admire et qui vous aime.

Vous fûtes à la peine, il est juste que vous soyez à l'honneur. La république de Rome, éprise de beauté morale, eût déposé sur vos têtes blanchies des couronnes civiques ; la République française, avec moins de solennité peut-être, mais dans le même sentiment de gratitude. vous rendra tout à l'heure, par la voix du plus populaire des membres du Gouvernement, M. le Sous-Secrétaire d'Etat des Beaux-Arts, l'hommage que vous doit la nation reconnaissante.

Quant à nous, vos représentants au Sénat et à la Chambre, ce sera la suprême joie de notre vie politique, comme je le disais, il y a vingt-cinq ans au Congrès de Valence, d'être entrés dans la carrière, plus heureux que les jeunes hommes dont parle la *Marseillaise*, quand nos aînés y étaient encore. Ayant toujours eu à cœur de les suivre, c'est aujourd'hui notre « sublime orgueil » de les venger. Vengeance généreuse, qui répudie tout sentiment de haine et ne comporte d'autre ambition que celle de voir, grâce à l'héroïsme et aux souffrances de nos aïeux, la patrie plus puissante et la République plus fraternelle.

Citoyens, tournons avec confiance nos regards vers l'avenir. Eclairée par les leçons d'une cruelle expérience, la France de la Révolution, pas plus que le cours impétueux de notre Drôme, ne saurait en plein vingtième siècle retourner en arrière. Le régime monarchique est bien mort, quoiqu'en pensent ses derniers fidèles, et aucun miracle ne le ressuscitera. La République est dorénavant immortelle dans notre pays, comme la patrie elle-même dont elle est inséparable.

Ce n'est pas dans un accès d'irritation et de colère, c'est dans un mouvement réfléchi de clairvoyant patriotisme, qu'au lendemain de ses malheurs de 1870, la France a arraché pour toujours l'aigle impériale de ses drapeaux.

Le fier et pacifique symbole de son indépendance nationale est et sera désormais l'antique et toujours jeune coq gaulois, qui, les ailes déployées, se dresse vers l'azur du ciel, au sommet de ce monument, annonciateur de l'aurore, radieux Chantecler de la liberté, et semble, là-haut, défiant l'obscurantisme, confondant en un même cri d'amour l'éclat de la lumière et l'idéal républicain, jeter, d'une voix vibrante, aux échos de la tour de Crest, les syllabes sonores du fameux mot historique : « La République est comme le soleil ! Aveugle qui ne la voit pas ! »

VALENCE, IMPRIMERIE CHARLES LEGRAND